LE

COMBAT DE WISSEMBOURG

RÉCIT DES OPÉRATIONS TACTIQUES

DE LA

JOURNÉE DU 4 AOUT 1870

ar **L. D*****

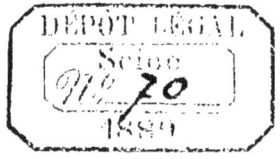

PARIS

LIBRAIRIE MILITAIRE DE L. BAUDOIN ET Cᵒ

IMPRIMEURS-ÉDITEURS

30, Rue et Passage Dauphine, 30

—

1889

LE COMBAT DE WISSEMBOURG.

RÉCIT DES OPÉRATIONS TACTIQUES

DE LA

JOURNÉE DU 4 AOUT 1870.

Préliminaires. — L'extrême avant-garde de l'armée française sur la frontière entre les Vosges et le Rhin, en arrière de la Lauter, à hauteur de Wissembourg, était formée par la division du général Abel Douay. Cette division, dont l'effectif était des plus restreints, n'était même pas au complet du nombre de ses bataillons, le 78e régiment de ligne ayant dû détacher deux bataillons auprès de la brigade de cavalerie du général de Nansouty, laissée en arrière à Seltz.

Le général Douay n'avait donc à sa disposition que 11 bataillons d'infanterie comptant un peu plus de 5,000 hommes, 3 escadrons de cavalerie et 3 batteries d'artillerie, dont une de mitrailleuses. En face de lui, au contraire, de l'autre côté de la frontière se trouvaient immédiatement des forces allemandes considérables, que l'on peut évaluer sans exagération à plus de 40,000 hommes de toutes armes, largement pourvues d'artillerie et éclairées par une nombreuse cavalerie.

Tenir plus longtemps dans ces conditions et courir les chances d'un combat autre qu'un simple engagement d'avant-garde, était de la témérité et s'exposer fatalement à un échec. Aussi le soir du 3 août, après avoir reconnu d'importants mouvements dans les lignes ennemies, présage certain d'une attaque pour le lendemain, le général Douay était-il résolu à battre en retraite pour se rapprocher du gros des forces françaises et en particulier de la division du général Ducrot, dès alors installée dans les environs de Reichshoffen. Douay écrivit dans ce sens à Ducrot, sous les ordres duquel il se trouvait provisoirement placé, et le prévint de ses intentions tout en lui rendant compte de la situation. Mais Ducrot, n'admettant pas la nécessité de ce mouvement rétrograde, prescrivit, au contraire, à son subordonné de maintenir, coûte que coûte, sa situation, de ne pas s'éloigner de Wissembourg et d'accepter la bataille le cas échéant. Et même il se mettait en marche le lendemain matin pour soutenir cette division aventurée, mais trop tard pour arriver assez à temps et empêcher le désastre auquel son ordre funeste venait de la condamner. Cette malheureuse division, menacée directement par trois corps d'armée allemands devait être détruite avant d'avoir pu recevoir aucun secours utile, puisque la lutte était imminente et que les troupes les plus rapprochées se trouvaient à plus de 19 kilomètres en arrière. Ces troupes elles-mêmes, d'ailleurs, n'étaient pas en nombre suffisant pour contrebalancer la supériorité numérique écrasante de l'ennemi. Elles ne comprenaient que la 1re division du 1er corps à Reichshoffen et les brigades de cavalerie de Septeuil et de Nansouty, accompagnées chacune de deux bataillons d'infanterie et respectivement cantonnées à Soultz et à Seltz.

De leur côté, au contraire, les Allemands étaient en mesure de faire entrer en ligne, sur-le-champ, plusieurs corps d'armée complets. Le IIe corps bavarois occupait Bobenthal; le Ve corps prussien tenait les environs nord d'Ober-Otterbach, et le XIe corps le Bienwald. En outre, les divisions, wurtembergeoise et badoise, réunies sous les ordres du général de Werder, étaient prêtes à franchir le Rhin à Maxau et, par conséquent, en position d'arriver à temps pour jeter dans la balance le poids de leur masse.

Plan des Allemands. — A la tête de la IIIe armée allemande, dont les corps signalés plus haut formaient les éléments principaux, se trouvait le prince royal. A lui était réservé par son père l'honneur de franchir le premier notre frontière et de fouler notre sol. Résolu à prendre vigoureusement l'offensive, le prince Fritz ou Frédéric répartit en quatre groupes les forces dont il disposait, de manière à les lancer en quatre colonnes à l'assaut des hauteurs de la Lauter. A l'aile droite, le IIe corps bavarois, précédé par la 4ᵉ division en avant-garde, devait s'avancer sur Wissembourg, tenter directement l'assaut de cette ville mal fortifiée et s'en emparer, tout en couvrant son flanc droit par un fort détachement qui suivrait la vallée de Bobenthal. Les Vᵉ et XIᵉ corps prussiens formaient les deux colonnes du centre ; leur objectif était Altenstatt, gros faubourg à l'est de la ville. Après avoir franchi la Lauter à hauteur de Saint-Rémy, la colonne du Vᵉ corps devait s'emparer d'Altenstatt et s'y établir, tandis que celle du XIᵉ appuierait son mouvement, s'avancerait à travers le Bienwald pour passer la Lauter au moulin de Bienwald et tenterait un mouvement tournant par le flanc droit de notre position. Ce mouvement tournant devait même être assez prononcé pour parvenir à nous prendre à revers, si possible, afin de hâter la chute de Wissembourg en venant en aide à l'action des Bavarois, chargés de l'attaque de front de cette place. Quant à la colonne de Werder, qui constituait l'aile gauche, ses opérations devaient être isolées et sans influence directe sur l'ensemble de l'attaque projetée. Son rôle était tout passif en quelque sorte : il consistait à exécuter une simple marche sur la petite ville de Lauterbourg, la menacer et s'en emparer, si elle n'était pas suffisamment défendue. Comme réserve de l'aile gauche, le Iᵉʳ corps bavarois devait rester au nord de Langenkandel et la 4ᵉ division de cavalerie marchait en arrière de l'aile droite dont elle constituait la réserve.

Les avant-gardes seules des diverses colonnes avaient l'ordre de passer la Lauter et d'installer sur sa rive droite leurs avant-postes. Le gros devait rester, jusqu'à nouvel ordre, sur la rive gauche et y attendre de nouvelles instructions pour mettre à son tour le pied sur le sol de la France.

Description du champ de bataille. — Le versant sud de la vallée de la Lauter est territoire français ; la rivière délimite encore à cette époque la frontière sur ce point. Descendant du Hardt pour couler d'abord vers le sud, ce cours d'eau, assez abondant par lui-même, ne tarde pas, un peu avant d'atteindre la ville de Wissembourg, à tourner franchement vers l'Est pour, suivant toujours désormais un parallèle est-ouest, aller se jeter dans le Rhin, à hauteur de Carlsruhe. Quelques torrents insignifiants seuls grossissent son volume au sortir du massif montagneux. A quelques kilomètres au sud et coulant presque parallèlement à la Lauter, la Seltzbach forme, en arrière de celle-ci, une seconde ligne de défense excellente. Entre ces deux cours d'eau s'étendent, au sud de Wissembourg, des hauteurs assez élevées, aux pentes difficiles à l'escalade et qui dominent assez sensiblement les hauteurs du versant gauche de la Lauter. La position défensive qu'elles offrent est excellente ; le sol dénudé au centre est facile à parcourir en tous sens ; les anciennes lignes de Wissembourg qui le couvrent donnent des abris utilisables ; le front est protégé par la rivière elle-même et les grands bois impénétrables dont sont couverts les sommets du Pigeonnier, peuvent appuyer la gauche de la position, s'ils sont suffisamment surveillés.

La ligne de retraite sur Seltz et sur Strasbourg présente toute sécurité et toutes facilités pour se retirer sur le gros des forces françaises.

En amont de Wissembourg, la Lauter est très resserrée entre les hauteurs qui forment sa vallée ; elle coule en pays de plaine à l'aval, mais l'escarpement de ses bords, la rapidité et le volume de ses eaux en rendent le passage presque impossible en dehors des ponts.

Les routes de Strasbourg, de Bitche et de Lauterbourg convergent sur Wissembourg, où elles se réunissent avant de rayonner au delà, sur la rive gauche de la Lauter, vers Langenkandel, Landau et Bergzabern.

A hauteur d'Altenstatt, la grande voie ferrée de Strasbourg à Landau forme une pointe vers Wissembourg, et la gare s'élève dans un faubourg extérieur de cette ville, à l'est du cimetière et au centre de nombreux et importants bâtiments, dont les principaux sont occupés par une grande fabrique de papier.

Wissembourg est une ancienne place forte, déclassée depuis 1867, mais dont les défenses n'avaient pas été détruites, si on ne les avait pas entretenues. Les remparts forment une enceinte continue, entièrement fermée, à l'abri de l'escalade et protégée par des fossés pleins d'eau, la rivière y coulant en contournant la place. Deux portes sont voûtées : les portes de Haguenau et de Landau, et si la troisième, celle de Bitche, n'est qu'une simple coupure, elle est défendue, comme les précédentes, par une petite lunette.

Un gros village, Altenstatt, s'élève sur la route de Lauterbourg, à la sortie est de Wissembourg, dont il n'est, en réalité,
que second faubourg avancé. On rencontre les petits villages de
Schweigen, de Recthenbach et d'Ober-Otterbach, sur la route de
Bergzabern; ceux de Schweighofen et de Kapsweger sur la route
de Landau et Spire. Les bords de la Seltzbach sont garnis par
les villages de Roth, Oberhoffen, Steinseltz et Riedseltz; ceux du
Behlbach et du Schempenbach, affluents de la Seltzbach, par les
villages de Cléebourg et de Breminelbach. Au sud du Haardtwald, enfin, non loin de la route de Fort-Louis et à l'est de cette
dernière, s'élèvent les constructions serrées de l'important village de Schleithal. Un des points les plus remarquables de la
position est le château du Geissberg, sur le flanc est d'un petit
mamelon isolé, coté 248 mètres et dominant toutes les élévations
aux alentours de plus de 20 mètres; deux fermes : le Gutlenthof
et le Schafbusch, le flanquent à droite et à gauche; l'ensemble de
ces bâtiments forme une véritable barrière entre la route et le
chemin de fer de Strasbourg, appuyée d'un côté au Haardtwald, de l'autre à l'Haadsauerbach, principal affluent de la
Seltzbach.

L'imposante forêt de Mindat, à l'ouest de Wissembourg, et le
Haardtwald, à l'est, enserrent et délimitent la position, tandis
que le bois de Grossenwald la couvre au sud.

Premières dispositions prises par le général Douay. —
Aussitôt son arrivée sur les hauteurs, en vue de Wissembourg,
le 3 août au soir, le général Douay avait fait occuper, par un
bataillon du 74e de ligne, la ville, que ne gardaient que quelques
gardes nationaux organisés à la hâte et répartis au hasard sur
les remparts pour utiliser, tant bien que mal, les canons lisses
oubliés dans la place. Quant au village d'Altenstatt, malgré
l'importance de sa position et du rôle qu'il pouvait être appelé à
jouer pour défendre le chemin de fer, Douay n'avait pas jugé nécessaire de l'occuper. Le petit nombre des bataillons sous ses
ordres ne lui permettant pas de s'étendre, il eût été bon cependant, dès l'instant que Wissembourg devait servir de point
d'appui principal, de ne pas abandonner tout à fait Altenstatt et
d'y détacher au moins une compagnie d'observation, laquelle
aurait même dû avoir un poste dans le petit fort de Saint-Rémy·

Ce fort, véritable caponnière flanquante sur le front des lignes de Wissembourg, commande, en effet, un des rares points de passage de la Lauter; mais des ordres n'avaient pas même été donnés pour la destruction des ponts. Une pareille opération, cependant, aurait dû être la première pensée d'un chef de troupe isolée, dans la situation critique où se trouvait le général Douay, contraint à rester sur la plus stricte défensive et sans aucun espoir de pouvoir prendre la plus petite offensive, écrasé d'avance qu'il était par l'immense supériorité numérique de l'adversaire. Son seul espoir était de maintenir assez longtemps en respect l'ennemi, pour battre en retraite honorablement; sa seule ressource était donc de créer le plus d'obstacles possible à la marche des assaillants.

En arrière de Wissembourg, sur les hauteurs, le gros de la division fut massé et bivouaqua. Là se trouvaient réunis : le reste du 74ᵉ, le 50ᵉ, deux bataillons du 78ᵉ, un régiment de turcos et deux batteries de canons. La batterie de mitrailleuses avait été laissée un peu plus loin, entre le Schafbusch et le Geissberg, au sommet de la butte dite des Trois-Peupliers, que nous avons précédemment signalée, comme le point culminant du terrain, avec le 16ᵉ bataillon de chasseurs.

Quand l'aurore parut, le 4 août, une pluie fine et pénétrante tombait. Dès cinq heures et demie, une forte patrouille offensive, composée de deux compagnies, fut envoyée en reconnaissance. Elle revint sans avoir aperçu l'ennemi nulle part. Convaincu, en conséquence, que les Prussiens renonçaient à leur attaque, au moins pour la matinée, Douay donna l'ordre à ses troupes, vers huit heures, de cesser la veillée des armes, de préparer la soupe et de prendre les mesures nécessaires pour assurer les diverses corvées journalières.

Les deux compagnies, lancées en reconnaissance, n'avaient malheureusement pas accompli convenablement leur mission, ne s'étaient pas avancées assez loin, ou n'avaient pas été suffisamment habiles pour se rendre compte de la présence des Prussiens cachés dans les bois, tels que des chasseurs à l'affût. A peine les ordres de Douay, sans inquiétude, commençaient-ils à s'exécuter, les marmites n'étaient pas encore sur les feux allumés, que le canon se faisait entendre sur la rive gauche.

A huit heures, Douay, convaincu que rien n'était plus à

craindre pour le moment, commandait à ses troupes de remettre l'arme au pied; à huit heures et demie, les Allemands tiraient leurs premiers coups de canon. Une batterie bavaroise venait de gravir la hauteur, au sud de Schweigen, formant éperon en avant du château Saint-Paul, vers Wissembourg, et ouvrait le feu contre les murs de la place. Aussitôt, et avec une promptitude, digne des plus grands éloges, Douay prend ses dispositions et envoie ses ordres en toute diligence, sans hésitations et sans trouble. La brigade Pellé devra s'établir en première ligne et garder Wissembourg et ses abords, la brigade de Montmarie en seconde ligne sur le Geissberg. Les turcos garnissaient les remparts, et principalement les portes de Landau, de Bitche et de Haguenau ; les deux bataillons du 78ᵉ occupaient la gare et les bâtiments qui l'avoisinent, soutenus par une batterie qui va se mettre en position à l'est de la Tuilerie, afin d'enfiler la Lauter et de battre Altenstatt, définitivement abandonné.

Le 74ᵉ, de la brigade Montmarie, fortifie le Geissberg; le 50ᵉ prend position à l'ouest du château, et la seconde batterie, près du Gutlenthof, en filant la route et le chemin de fer et battant, elle aussi, Altenstatt, soutenue par le 16ᵉ bataillon de chasseurs.

La ferme de Schafsbush avait été également occupée, et le général Douay s'y tenait de sa personne, n'ayant plus à sa disposition, comme dernière réserve, que la batterie de mitrailleuses et un bataillon du 50ᵉ, détaché pour la soutenir au lieu et place du bataillon de chasseurs.

Les deux lignes de défense successives étaient donc occupées à la fois, et les deux brigades se trouvaient assez éloignées l'une de l'autre pour pouvoir être écrasées séparément. Déjà si faible en nombre, Douay avait réduit encore de moitié ses forces en ne les concentrant pas uniquement, soit sur Wissembourg et la Lauter, soit sur la ligne du Geissberg.

Premiers mouvements des Allemands. — Le IIᵉ corps bavarois venait d'arriver sur les hauteurs de Schweigen. Il les couronnait par deux batteries en avant de Saint-Paul et deux en avant du Hengelgraben, au nord de la ferme de Windhoff. Ces batteries étaient soutenues par les 5ᵉ, 11ᵉ et 14ᵉ d'infanterie, qui se déployaient au nord de Wissembourg, à droite et à gauche de la route.

Dans ce même temps, le V⁰ corps s'avançait par la route de Spire, en avant de Schweighofen, détachait un bataillon sur Germanshoff pour couvrir sa marche et faisait prendre position à ses cinq batteries en arrière de Windhoff pour canonner à la fois la ville et la gare.

Wissembourg se trouvait donc attaqué en même temps et avec une égale vigueur par son front nord et par son front est.

Première attaque de Wissembourg. — Les Bavarois les premiers s'avancent franchement à l'attaque de Wissembourg. Après avoir, conformément à la règle immuable que les Allemands devaient toujours suivre durant toute la campagne, concentré tous les feux de toute leur artillerie contre la position à enlever, les Bavarois forment leurs colonnes d'attaque; mais le tir de leur artillerie, gêné par les vignes garnissant les pentes, n'avait pas eu grande efficacité. Les remparts de la ville étaient intacts, ils n'avaient été entamés sur aucun point et les portes étaient demeurées en parfait état. A l'abri de ces mêmes vignes qui protègent leur infanterie dans sa marche, ils gagnent du terrain et s'avancent jusqu'au pied des murs. Mais nos turcos font de vigoureuses sorties, les repoussent, les refoulent la baïonnette dans les reins et les obligent à s'enfuir au plus vite, non sans éprouver des pertes sensibles, jusque sur l'emplacement de leurs batteries. Celles-ci rouvrent leurs feux dès que les lignes de tirailleurs ont rallié par les ailes et mis à découvert leur front. A leur tour les turcos subissent de grosses pertes, s'arrêtent et rentrent chercher un abri dans la ville.

Les Allemands occupent Altenstatt et se portent sur le Geissberg. — Le V⁰ corps prussien, nous l'avons dit, s'avançait pendant ce temps de Schweighofen sur Altenstatt et s'emparait de ce village. De là, il se porte à l'attaque de la gare et du faubourg. Vigoureusement accueillis par le 78⁰ et par la batterie de la Tuilerie, les deux premiers bataillons prussiens sont repoussés et ne trouvent un abri que derrière les maisons du village. Mais les Prussiens reviennent en force, renouvellent leurs attaques à diverses reprises et finalement nous obligent à évacuer la gare et à nous replier dans Wissembourg. Le général Kirsbach, qui commande le V⁰ corps prussien, lance à leur poursuite une

de ses brigades, et le 78e a les plus grandes difficultés à l'empêcher de pénétrer dans la ville sur ses traces. Une seconde brigade
de ce même corps, franchissant la Lauter au pont d'Altenstatt,
file le long du chemin de fer et se déploie à hauteur du Gut-
leithoff.

Tandis que la 17e brigade prussienne tente de forcer la porte
de Landau à la suite du 78e qui se replie, la 18e brigade
monte à l'assaut des hauteurs du Geissberg. Vigoureusement
accueillie par un feu des plus nourris, cette brigade se heurte à la
résistance que lui opposent le 50e de ligne et le 16e bataillon
de chasseurs. Celui-ci formait la première ligne de défense à
l'est de Geissberg; il fait subir aux Prussiens des pertes très
sérieuses et les oblige à se retirer en désordre derrière la voie
ferrée dont le remblai, qui les abrite un instant, leur forme un
rempart naturel pour réparer le désarroi semé dans leurs rangs.

Arrivée du XIe corps prussien. — Notre succès de ce côté ne
fut pas de longue durée, malheureusement. Deux batteries prussiennes ne tardent pas à venir prendre position contre le Geissberg, à l'ouest du champ de manœuvres, soutenues par un régiment tout entier, tandis qu'un deuxième régiment, débouchant
de la lisière du bois, se déploie en arrière du Gutleithof. C'était
le XIe corps prussien qui, après avoir franchi la Lauter au pont
de Bienwald et traversé la forêt du Niederwald sans trouver la
moindre résistance, faisait son apparition sur le champ de bataille
et venait menacer le flanc droit de notre position.

Il était un peu moins de midi.

Cette soudaine apparition de l'ennemi sur son extrême droite
oblige le général Douay à refuser son aile et à replier les bataillons qui occupaient la ligne de ce côté un peu en arrière sur la
route de Riedseltz. Le 74e, toutefois, est laissé dans le Geissberg,
de sorte que la position de ce régiment formait saillie vers les
tirailleurs prussiens.

Douay veut battre en retraite. — Tout en achevant leur
déploiement face à notre première ligne, les Prussiens avaient
envoyé un escadron de hussards et deux bataillons d'infanterie
vers Riedseltz, bientôt suivis par une brigade tout entière. Ce
mouvement avait pour but de déborder complètement notre
droite.

Craignant de se voir bientôt coupé même de sa ligne de retraite, le général Douay prend immédiatement la résolution de se retirer sous la protection du 74e, toujours maître du Geissberg non encore sérieusement menacé, d'ailleurs. En conséquence, il prescrit à ce régiment de tenir jusqu'au dernier homme pour protéger le mouvement rétrograde du reste de la division et envoie l'ordre au général Pellé d'évacuer Wissembourg et de se rallier à lui. Malheureusement, à cette heure, la brigade Pellé était de telle façon aux prises avec les Allemands qu'elle ne peut exécuter l'ordre. Séparée du reste de la ligne par le mouvement du Ve corps prussien, cette brigade était assaillie de toutes parts. Pellé devait résister à la fois aux attaques simultanées et enveloppantes du IIe corps bavarois et du Ve corps prussien. Force fut donc au général Douay de continuer la lutte sur le Geissberg pour ne pas abandonner à elle-même la vaillante brigade Pellé et pour aider jusqu'au dernier moment ceux de ses régiments cernés dans Wissembourg.

Défense de Wissembourg ; les Prussiens s'en emparent. — Aussitôt après avoir appris l'arrivée du XIe corps, le prince royal comprenant que ce corps suffirait à lui seul pour contenir la brigade du Geissberg, avait concentré sur la place de Wissembourg tous les efforts combinés de ses deux autres corps d'armée. Il fait prendre position à l'artillerie de réserve du Ve corps pour canonner la place et envoie son artillerie divisionnaire aux colonnes lancées vers le Geissberg.

Après un tir très violent contre les remparts et contre la ville elle-même, les Bavarois, au nord, les Prussiens, au sud, se portent de nouveau résolument à l'attaque de Wissembourg.

Les Français leur opposent une résistance héroïque, étant donné à la fois leur petit nombre et la masse à tout instant plus compacte des assaillants. Dédaignant, la plupart du temps, de brûler leurs cartouches, les turcos, baïonnette en avant, poussant des cris de bêtes féroces, repoussent les premiers qui se présentent au sommet de la contrescarpe et, se faisant un rempart de leurs ennemis morts, creusent des trous sanglants dans cette muraille humaine qui s'avance contre eux. La muraille se reforme sans cesse ; mais les Prussiens, les Bavarois surtout commençaient à éprouver une véritable terreur panique de ces hommes au teint basané qui, sans souci du danger, sans crainte de la mort, continuaient à hurler et faisaient dans leurs rangs épais de si cruelles hécatombes.

La lutte, toutefois, était par trop inégale pour pouvoir se prolonger bien longtemps.

Les portes avaient été défoncées par les batteries allemandes.

Les Bavarois pénètrent dans la ville par la porte de Landau, les Prussiens par celle de Hagueneau et, comme un flot montant, cherchent à se répandre par les rues. Mais les turcos n'étaient pas hommes à se rendre pour si peu ; le combat continue dans l'intérieur de la cité ; chaque carrefour, chaque îlot de maisons devient une petite forteresse que les Allemands doivent emporter ; ils paient chèrement leur victoire. Néanmoins, cependant, le nombre l'emporte définitivement ; les points principaux de la ville sont occupés, et toute résistance étant devenue non seulement inutile, mais encore impossible, un millier de soldats français met bas les armes.

Défense du Geissberg. — L'attaque du Geissberg avait été poussée également avec vigueur par les Allemands. Le château du Geissberg et la ferme du Schafsbush étaient, nous l'avons vu, fortement occupés par nos troupes qui avaient mis les bâtiments en état de défense par de rapides travaux et s'y étaient barricadés après avoir crénelé les murs à la hâte. Trois de nos bataillons assuraient la défense extérieure des bâtiments ; déployés sur la ligne de faîte des hauteurs entre les routes de Bitche et de Strasbourg, ils étaient protégés en avant par la batterie installée à la jonction des deux routes pour répondre aux pièces prussiennes d'Altenstatt. Deux autres bataillons continuaient la ligne entre la route et le château ; celui-ci, défendu, nous l'avons dit, par le 74e de ligne, formait saillie vers la position prussienne. En retour, enfin, occupant le terrain entre le château et la route de Strasbourg vers Riedseltz, nos deux derniers bataillons s'étendaient sous la protection de la batterie de mitrailleuses restée à Schafsbusch.

La ligne d'attaque prussienne était presque parallèle à la nôtre, mais fortement renforcée à hauteur du Geissberg et prolongée assez loin au delà de notre droite jusqu'à la route de Strasbourg, à hauteur de Denschenhof.

Une brigade prussienne tout entière était déployée devant notre front, avec une seconde brigade comme renfort et soutenue par deux batteries installées sur la route, à mi-chemin de Riedseltz à Gutleithof. Toutes ces forces étaient concentrées en vue de la seule attaque du château du Geissberg. Une autre brigade, soutenue par la division prussienne dont les têtes de colonnes débouchaient par Altenstatt, réunissait ce corps d'attaque principal aux troupes opérant à l'est de Wissembourg. Les sections d'artillerie du Ve corps s'échelonnaient, en outre, le long de la route de Gutleithof à Altenstatt pour achever de couvrir de mitraille et d'obus tous les plus petits recoins de terrain.

Le Geissberg est attaqué par les colonnes d'attaque qui s'avancent sur trois de front. Nos soldats les reçoivent par un feu nourri qui arrête leur élan et les oblige à reculer ; ils les poursuivent à la baïonnette. Mais les compagnies de soutien prussiennes se portent tout de suite en ligne, doublent celle-ci instantanément et lui permettent de reprendre son mouvement en avant. Cette fois, les Prussiens gagnent le pied des murailles et, tandis que leurs tireurs les plus adroits ajustent les créneaux, d'autres amènent des fagots ou des bottes de paille et y mettent le feu. Le 74e de ligne fait alors de nouveau une sortie des plus vigoureuses, refoule une fois encore l'assaillant et, ramené par lui jusque sous les murs du château, l'en éloigne une troisième fois, et finalement oblige les Prussiens, en dépit de leurs efforts, à battre en retraite avec de grandes pertes et à chercher refuge dans un chemin creux.

Les Allemands s'emparent du Schafsbush. — Le mouvement tournant des Prussiens par notre extrême droite s'était achevé pendant que leurs efforts principaux se concentraient sur le Geissberg. Une brigade prussienne avait marché directement vers le Gutleithof, tandis qu'une seconde brigade s'était avancée par Riedseltz, avait débordé notre flanc et se portait à l'attaque du Schafsbush. Le bataillon du 50e de ligne, qui l'occupait, n'avait pas tardé, malgré sa belle résistance, à être contraint d'abandonner cette ferme pour se replier sur notre centre. Toute la gauche de cette nouvelle ligne avait de même été forcée et avait dû se rallier autour du Geissberg, ainsi que notre batterie qui, pour ne pas être enlevée, s'était rabattue derrière l'infanterie, non sans laisser entre les mains de l'assaillant une pièce dont les servants et les chevaux avaient été tués, l'affût brisé.

Seul le Geissberg tenait encore.

Mort du général Douay. — Aucun espoir ne restait plus au général Douay de pouvoir lutter plus longtemps; la retraite était de toute nécessité s'il ne voulait pas s'exposer à la terrible extrémité de mettre bas les armes en rase campagne. Avant de se décider à donner le signal et pour se dégager un peu en avant, Douay veut encore tenter un dernier retour offensif. De sa personne il se met à la tête du 74e de ligne, des débris ramenés du 50e et du 16e bataillon de chasseurs, qu'il a sous la main, et se porte vigoureusement en avant. A pied, marchant sur la ligne de ses tirailleurs, lentement, un bâton à la main, il s'avance héroïquement. Au centre de cette petite colonne marche la batterie de mitrailleuses, inutile dans la retraite comme elle le fut durant le combat. Étonnés tout d'abord, surpris par cette pointe hardie, les Prussiens laissent gagner du terrain à la vaillante troupe.

Nos hommes repoussent à la baïonnette tous ceux qui s'opposent à leur marche et les précipitent du sommet des hauteurs. Abel Douay tombe alors frappé à mort. Un avant-train de mitrailleuse ayant sauté, disent les Allemands, un éclat l'avait atteint en pleine poitrine ; une balle prussienne, disent d'autres versions, lui avait traversé le cœur. Quoi qu'il en soit, il était tombé en brave et au moment où il accomplissait son devoir. Son nom est le premier inscrit sur la longue liste de nos généraux qui, durant cette terrible campagne, allaient payer de leur vie l'insigne honneur de porter les étoiles du commandement et de conduire sur les champs de bataille les enfants de la France, combattant pour la défense de la patrie et son indépendance. Il y tient doublement la première place. Quant à ceux qui n'ont pas craint de calomnier sa mémoire en l'accusant d'avoir cherché volontairement la mort dans un suicide déguisé, ceux-là font injure gratuitement à un valeureux soldat dont toute la vie dément une semblable accusation de lâcheté morale. Abel Douay n'était pas capable, à un moment quelconque, de commettre une lâcheté quelle qu'elle soit.

Aux côtés de Douay étaient tombés en même temps que lui,

très grièvement blessés, son aide de camp et un des officiers de son état-major.

Cette mort de leur général fut, pour les Français, le signal de la défaite. Arrêtés dans leur élan, nos soldats furent poursuivis à outrance par les Prussiens qui pénétrèrent sur leurs pas dans le Geissberg et contraignirent à se rendre les deux compagnies qui l'occupaient encore.

Tous nos régiments débandés s'enfuirent isolément.

Les troupes battues à Wissembourg et qui avaient réussi à sortir de la place, s'étaient repliées sur celles qui tenaient alors encore sur les hauteurs du Geissberg. Elles ne leur furent néanmoins d'aucun secours et ne purent que partager leur sort, entraînées qu'elles se trouvèrent dans leur déroute définitive.

Retraite des troupes françaises. — Les tirailleurs algériens, le reste de la première brigade et l'artillerie se dirigèrent vers l'ouest sous les ordres du général Pellé, du côté des cols de Pfaffenbronn, de Cléebourg et du Pigeonnier. La brigade de Montmarie prit la route du sud vers Soultz, d'où les débris du 74e gagnèrent Hagueneau, et ceux du 50e, Oberbentdorf.

Le reste de la brigade, ainsi que ce dernier régiment, prirent ensuite le chemin de fer pour rallier le corps d'armée de Mac-Mahon à Reichshoffen.

Pertes des belligérants. — Le combat de Wissembourg n'avait duré que cinq à six heures : les premiers coups de canon s'étaient entendus vers huit heures et demie du matin; les derniers coups de fusil avaient été tirés sur le Geissberg un peu après deux heures. Il avait été des plus sanglants; de part et d'autre les pertes s'étaient élevées à un chiffre énorme, eu égard à l'effectif relàtivement restreint des troupes réellement engagées.

Les pertes des Allemands, d'ailleurs, avaient été beaucoup plus élevées, au point de vue absolu, que les nôtres, ce qu'explique facilement la nature même du combat, — nos troupes ayant le plus souvent combattu à couvert, — mais ce qui est aussi la conséquence naturelle de la ténacité et de l'énergique résistance montrées sur tous les points par nos soldats.

Le total exact de nos pertes n'a jamais été relevé et le nombre

des tués et blessés n'a pas été constaté officiellement ; mais
1500 hommes environ avaient été faits prisonniers et, parmi les
trophées de leur victoire, outre une pièce de canon, les Allemands
ramassaient le glorieux cadavre du général Douay.

Les Allemands, eux, avaient 24 officiers tués et 67 blessés,
250 hommes tués, 1119 blessés et 91 disparus.

Poursuite. — Établissement des Allemands le soir du 4.—
Deux régiments de dragons seulement, appartenant à la cavalerie divisionnaire du Ve corps, étaient disponibles pour entamer
la poursuite des fuyards. Le prince Fritz les lança sur les traces
de nos régiments en déroute, tout en faisant gravir les pentes du
Geissberg à une batterie pour augmenter la confusion semée
dans nos rangs.

Cette batterie, établie au pied du château, ne nous causa pas
grand mal, non plus que les dragons, peu hardis à nous suivre
de trop près.

En fait, notre retraite ne fut pas sérieusement inquiétée et ne
se changea nulle part en sauve-qui-peut.

Le IIe corps bavarois occupa Wissembourg, le Ve corps prussien Altenstatt, et le XIe bivouaqua sur les pentes du Geissberg.

Quant au corps du général de Werder, il avait gagné Lauterbourg, s'était emparé, sans coup férir, de cette localité et était
venu s'établir sur la rive droite de la rivière.

Le Ier corps bavarois, de son côté, s'était rapproché de la frontière et était venu occuper Langenkandel, Minfeld et Minders-
lachen.

Le lendemain, 5 août, les Allemands reprirent leur marche en
avant, d'abord vers Soultz, dans la direction suivie par une partie
de nos troupes, ce qui laissait supposer que les forces de Mac-
Mahon se trouvaient de ce côté ; puis, un peu plus à l'ouest,
quand les uhlans allemands, arrêtés à Gunstett, eurent fait
craindre au prince royal que le maréchal pouvait bien se
trouver, au contraire, du côté de Wœrth.

Considérations générales. — Le général Douay, nous l'avons
dit en commençant, avait été placé par son chef direct, le général
Ducrot, dans une situation difficile et des plus critiques.

L'effectif dont il disposait n'était pas suffisant pour accepter

un combat sérieux avec des troupes plus de huit fois supérieures en nombre.

Mais, étant donné, à tort ou à raison, l'ordre de tenir quand même, toutes les dispositions les meilleures furent-elles prises pour tirer le parti le moins mauvais possible des avantages sérieux du terrain?

Autant qu'il est permis de juger, après l'événement, des opérations tactiques, on a le droit d'en douter.

Deux lignes de défenses successives et parallèles étaient offertes par le terrain : Wissembourg, Altenstatt et la Lauter; puis Shaffsbusch, Geissberg, Gutlcithof. Peut-être, en présence surtout de la disproportion des forces, eût-il été nécessaire de concentrer tous ses efforts sur la première ligne, en ne conservant sur la seconde qu'une faible réserve à l'occupation du Geissberg, prête à recueillir les troupes de la première ligne refoulée et à renouveler le combat sur un nouveau terrain préparé à souhait.

De cette façon, après avoir tenu un temps moral Wissembourg et Altenstatt; après avoir livré la principale bataille sur les hauteurs du Geissberg, il eût été possible de battre en retraite, lentement, par bonds successifs, grâce surtout à l'énergie évidente et à la bonne tenue probable des troupes, jusque sur la division Ducrot. Cette division formait une réserve importante tout indiquée, un peu éloignée, sans doute, mais à portée, cependant, de donner en temps opportun; car Ducrot s'avançait au secours de son subordonné, dont il n'ignorait pas les embarras nécessaires.

Au lieu de cela, nous l'avons vu, le général Douay ne fit occuper que Wissembourg et ses abords immédiats par une seule de ses brigades. La seconde tout entière était établie sur le Geissberg, sans lien suffisant avec la première, de telle sorte que les deux lignes de défense étaient occupées à la fois et perdaient, du même coup, la plupart de leurs avantages. Au lieu de deux positions successives excellentes, on n'en avait plus qu'une seule médiocre.

Ces dispositions fâcheuses permirent aux Allemands d'attaquer, successivement et isolément, chacune des brigades et de les accabler séparément; cela empêcha Douay de battre en retraite au moment propice; cela, enfin, rendit inutile la marche en avant de Ducrot.

Ce général s'était porté en hâte sur Lembach, mais il ne put arriver assez tôt, malgré sa diligence. A l'instant où, avec ses troupes, il couronnait les hauteurs du Pigeonnier, Ducrot ne pouvait plus qu'assister, sans pouvoir y porter remède, à la débandade des troupes de la 2e division, battue et presque anéantie. Il recueillit à grand peine les débris des tirailleurs, du 78e et de l'artillerie, pour les ramener à Reichshoffen.

Douay, vigoureux soldat et bon capitaine, avait payé de sa vie les fautes commises, les mauvaises dispositions arrêtées et la négligence extraordinaire de n'avoir pas même fait sauter les ponts de la Lauter, fossé creusé tout exprès par la nature pour lui servir de couverture en avant de son front de bataille.

Ce premier échec, malheureusement, devait avoir des conséquences terribles, entraîner la désorganisation préalable de tout le 1er corps et amener, en partie, le désastre que le maréchal de Mac-Mahon devait, à son tour, deux jours après, subir à Reichshoffen.

Au point de vue de la tactique de combat des Allemands, cette journée du 4 août 1870 offre un enseignement précieux. Elle montre, dès la première affaire, les procédés qu'ils vont employer immuablement durant toute la campagne : Ne jamais s'avancer sans avoir la supériorité du nombre, prononcer à la fois diverses attaques sur des points opposés de la ligne ennemie, canonner, au préalable, avec toutes les forces d'artillerie disponibles avant de lancer les colonnes d'attaque, faire donner les réserves presque dès le début de l'action, mais en conservant, à bonne distance en arrière, un renfort d'une importance égale aux troupes déployées, préparer des mouvements tournants étendus et faire arriver en ligne des troupes fraîches au moment décisif.

Paris. — Imprimerie L. BAUDOIN et Cᵉ, 2, rue Christine

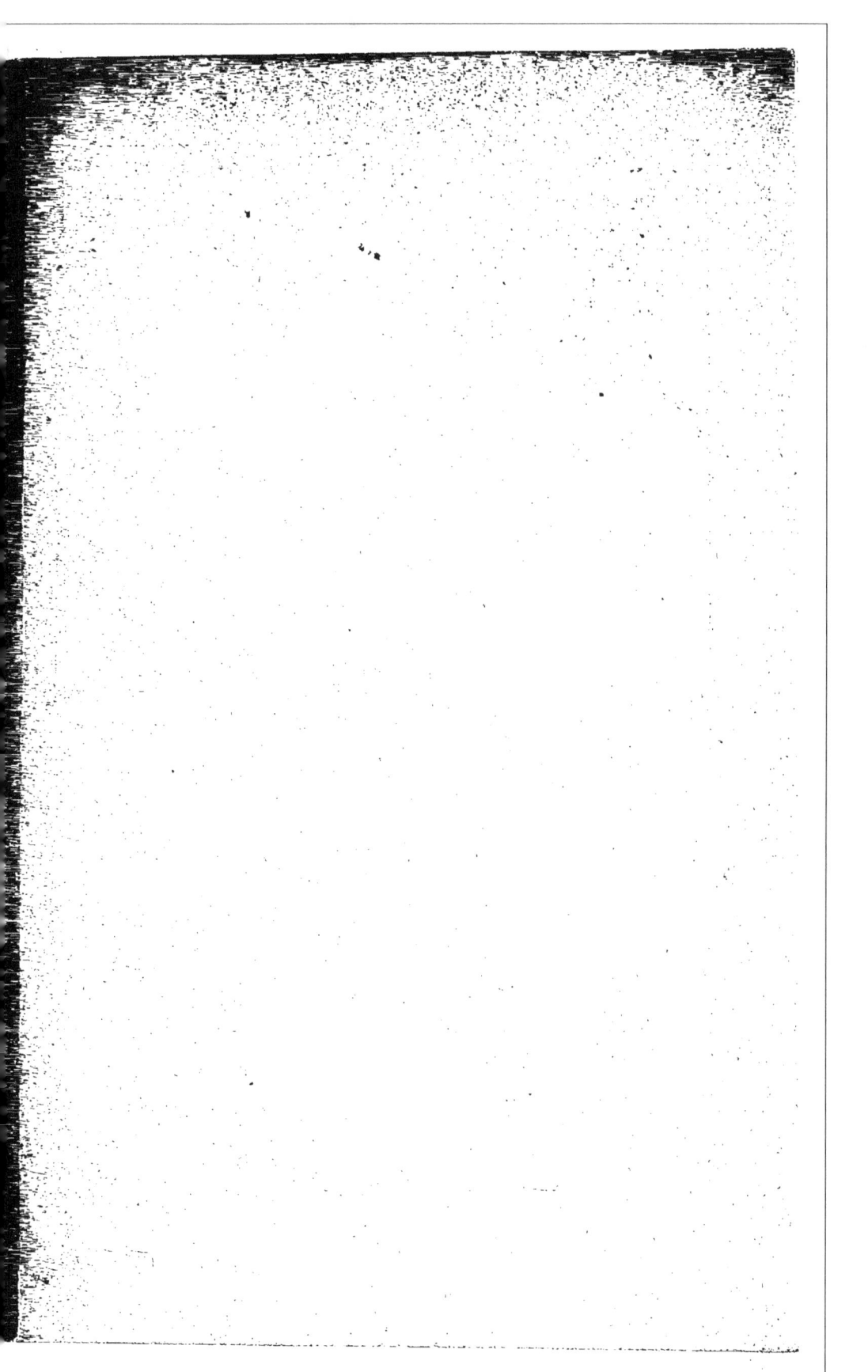

PARIS. — IMPRIMERIE L. BAUDOIN ET C⁰, 2, RUE CHRISTINE.

www.ingramcontent.com/pod-product-compliance
Lightning Source LLC
Chambersburg PA
CBHW060818280326
41934CB00010B/2741